essentials

essentials liefern aktuelles Wissen in konzentrierter Form. Die Essenz dessen, worauf es als „State-of-the-Art" in der gegenwärtigen Fachdiskussion oder in der Praxis ankommt. *essentials* informieren schnell, unkompliziert und verständlich

- als Einführung in ein aktuelles Thema aus Ihrem Fachgebiet
- als Einstieg in ein für Sie noch unbekanntes Themenfeld
- als Einblick, um zum Thema mitreden zu können

Die Bücher in elektronischer und gedruckter Form bringen das Expertenwissen von Springer-Fachautoren kompakt zur Darstellung. Sie sind besonders für die Nutzung als eBook auf Tablet-PCs, eBook-Readern und Smartphones geeignet. *essentials:* Wissensbausteine aus den Wirtschafts-, Sozial- und Geisteswissenschaften, aus Technik und Naturwissenschaften sowie aus Medizin, Psychologie und Gesundheitsberufen. Von renommierten Autoren aller Springer-Verlagsmarken.

Weitere Bände in dieser Reihe http://www.springer.com/series/13088

Sandro Abbate

Text und Konzeption im Content Marketing

Alle wichtigen Grundlagen für Print, Web, Corporate Blogs und Social Media

Sandro Abbate
Büro für Sinnstiftung
Kreuztal, Deutschland

ISSN 2197-6708 ISSN 2197-6716 (electronic)
essentials
ISBN 978-3-658-17430-9 ISBN 978-3-658-17431-6 (eBook)
DOI 10.1007/978-3-658-17431-6

Die Deutsche Nationalbibliothek verzeichnet diese Publikation in der Deutschen Nationalbibliografie; detaillierte bibliografische Daten sind im Internet über http://dnb.d-nb.de abrufbar.

Gedruckt auf säurefreiem und chlorfrei gebleichtem Papier

Springer Gabler ist Teil von Springer Nature
Die eingetragene Gesellschaft ist Springer Fachmedien Wiesbaden GmbH
Die Anschrift der Gesellschaft ist: Abraham-Lincoln-Str. 46, 65189 Wiesbaden, Germany

Was Sie in diesem *essential* finden können

- Kein Text ohne Konzept
- Ideenfindung
- Grundsätzliche Textregeln
- Storytelling
- Texten fürs Web
- Interviews im Content Marketing
- SEO für Online-Texter

Vorwort

Alljährlich kommen im Marketing neue Trends auf. Marketers in Unternehmen und Agenturen erwarten freudig „the next big thing", das ihnen den Weg ins Herz der Zielgruppe ebnen und nicht zuletzt zu mehr Erfolg verhelfen soll. Und das nächste große Ding kommt mit Sicherheit. Wenn man die Marketingtrends der letzten Jahre betrachtet, kann man nachvollziehen, wie sehr Unternehmen darauf aus sind, neue Strategien und Maßnahmen zu finden, eben weil das herkömmliche Marketing und insbesondere die klassische Werbung nicht mehr die gleiche Wirkung erzielen, wie das früher einmal der Fall war. Wir sprechen von SEO, SEM, Social Media Marketing, Mobile Marketing, Marketing Automation und Big Data. Und jetzt ist Content Marketing in aller Munde. Einer Studie des britischen Unternehmens Smart Insights zufolge war für knapp 30 % der befragten Marketingfachleute Content Marketing 2015 der wichtigste Trend im digitalen Marketing. Etwa die Hälfte der Befragten gaben an, das Budget hierfür zu erhöhen und durch die Planung, die Erstellung und Verbreitung von relevantem und mehrwertbringendem Content ihre Zielgruppe stärker an sich zu binden. Ich bin davon überzeugt, dass das Anbieten von guten und wirklich hilfreichen Inhalten nicht nur ein vorübergehender Trend im Marketing ist, sondern sich weiter etablieren wird. In den USA beispielsweise haben sich ganze Agenturen herausgebildet, die komplett darauf ausgerichtet sind, für ihre Kunden maßgeschneiderten Content zu erstellen und in Online-Medien und Blogs zu verbreiten. Hierzulande sind dahin gehend ebenfalls Tendenzen erkennbar, jedoch wird Content Marketing noch häufig als Teildisziplin breit aufgestellter Werbeagenturen betrachtet.

▶ Unternehmen werden zu Medienanbietern.

„Der Stellenwert von Content und Content Management kann für die Zukunft eines jeden Unternehmens nicht hoch genug bewertet werden", schreibt Erhardt F. Heinold im Vorwort zum Buch „Erfolgsfaktor Content Management" (2001,

S. 1). Es ist somit an der Zeit, dieser Art des Marketings mehr Aufmerksamkeit zu schenken, denn Content Marketing bietet einiges an Potenzial gegenüber dem traditionellen Marketing. Um es mit den Worten von Robert Rose vom Content Marketing Institute zu sagen: „Traditionelles Marketing besteht darin, der Welt zu sagen, dass du ein Rockstar bist. Beim Content Marketing geht es darum, es der Welt zu zeigen!" (Rose 2012). Unternehmen, die Content Marketing betreiben, beschränken sich nicht mehr auf platte Werbephrasen und durchschaubare Botschaften, sondern erschaffen so gesehen einen Kosmos rund um ihre Marke und den dazugehörigen Lifestyle. Welchen Stellenwert hierbei Texte und Geschichten im Sinne des Storytellings haben, soll dieses kleine Buch erörtern.

In diesem *essential* geht es um Content. Um die wirklichen Inhalte. Aber was ist unter Content beziehungsweise unter Content Marketing eigentlich zu verstehen? Annika Schach erklärt den Begriff in ihrem Buch „Advertorial, Blogbeitrag, Content-Strategie & Co." folgendermaßen:

▶ „Content Marketing hat sich als Begriff für den Umgang mit Themen und die Vermarktung von Inhalten in der Online-Kommunikation etabliert. […] Prinzipiell werden mit dem Begriff ‚Content' alle Inhalte bezeichnet, die im Rahmen der internen und externen Kommunikation in verschiedenen medialen, aktionalen und personalen Formaten produziert und über diverse Kanäle und Plattformen distribuiert werden" (Quelle: Schach 2015, S. 71).

Nach dieser Definition kann Content also alles sein, was auf irgendeine Art veröffentlicht wird – seien das nun Bilder, Videos, Infografiken oder eben Texte. Ein umfassender Ratgeber zum Thema Content Marketing sprengt den Rahmen eines *essentials*. Dazu gibt es bereits einige wirklich empfehlenswerte Bücher (siehe „Weiterführende Literatur" am Ende des Buches). Ich werde mich in den folgenden Kapiteln auf die Basics für Autoren und Texter konzentrieren. Die Frage, die dieses Buch beantworten soll, ist somit: Wie konkret erstellt man gute, relevante und mehrwertbringende Texte für das Content Marketing? Neben Inhalten in Textform bietet das Content Marketing natürlich auch die Möglichkeit, mit Audio- oder Video-Inhalten zu arbeiten. Dies lasse ich aber bewusst außen vor, da es mir in diesem Werk um die Arbeit als Autor und Redakteur geht. Denjenigen, die sich weiter mit dem Thema Content Marketing befassen möchten, kann ich einen Blick in die Literaturangaben am Ende dieses Buches empfehlen.

Kreuztal, Deutschland   Sandro Abbate
im März 2017

Literatur

Fedtke, S (Hrsg.) (2001) Erfolgsfaktor Content Management. Vom Web Content bis zum Knowledge Management. Springer, Heidelberg

Rose, R (2012) Six Useful Content Marketing Definitions, http://contentmarketinginstitute.com/2012/06/content-marketing-definition/ zuletzt abgerufen am 16.01.2017

Schach, A (2015) Advertorial, Blogbeitrag, Content-Strategie & Co. Neue Texte der Unternehmenskommunikation. Springer Gabler, Wiesbaden

Inhaltsverzeichnis

Kein Text ohne Konzept **1**

Es spielt im Grunde keine Rolle, ob man einen Text für eine Imagebroschüre, eine Corporate Homepage, einen Blog, ein E-Book oder eine Mitarbeiterzeitschrift schreibt – bevor es ans Schreiben geht, sollte man sich Gedanken über wesentliche Punkte, die der Text transportieren soll, machen und auch darüber, wer eigentlich die Zielgruppe ist und wie man diese anspricht.

Natürlich ist eines der Ziele der Unternehmenskommunikation, Aufmerksamkeit zu gewinnen. Dazu müssen Texte schnell verstanden werden, ohne weitere Fragen aufzuwerfen. Somit folgen Texte in der Unternehmenskommunikation bzw. im Content Marketing zwangsläufig anderen Motiven als etwa literarische Texte. Es geht hier nicht ausschließlich um die Ästhetik, denn die am Ende entscheidende Frage ist nicht, ob der Text schön ist, sondern ob er verkauft. Der Texter richtet sich also nach der jeweiligen Zielgruppe, die sein Text ansprechen soll – und zwar auf emotionaler Ebene, denn dort erreicht man Menschen am stärksten. Die Kunst des Texters ist es hierbei, die Kernaussage bzw. den Produktnutzen so zu vermitteln, dass sie schnell verstanden werden und Sympathie entsteht. Das Ziel ist es, Kunden anzuziehen, zu begeistern und zum Handeln zu animieren. Das muss guter Content, der exakt auf die Bedürfnisse der Zielgruppe zugeschnitten ist, leisten. Dabei berücksichtigt der Texter stets Mentalität, Werte und kulturelle Prägung der Zielgruppe. Professionelles Texten bedeutet konzeptionelles Texten. Das heißt:

▶   Vor der Schreibarbeit kommt die Denkarbeit.

Das Kommunikationskonzept dient dem Texter und allen weiteren Beteiligten als Richtschnur für das weitere Vorgehen und ihre spezifischen Aufgaben. Für das Projektmanagement und die Unternehmensleitung ist es ein zentrales Steuerungswerkzeug, mit dem Risiken minimiert und Zielerfüllungen nachvollzogen werden können. Darüber hinaus zeigt es natürlich auch den Budgetrahmen auf, sodass es zur

© Springer Fachmedien Wiesbaden GmbH 2017   1
S. Abbate, *Text und Konzeption im Content Marketing,* essentials,
DOI 10.1007/978-3-658-17431-6_1

ökonomischen Planung und Kontrolle von Kommunikationsmaßnahmen herangezogen werden kann. Die vier Hauptteile eines Kommunikationskonzepts, auf die ich hier nur kurz eingehen werde, sind Analyse, Ziele/Strategie, Maßnahmen und Kontrolle.

1.1   Analyse

Situationsanalyse

In der Analysephase muss der Konzeptioner oder der Content Manager die Problemstellung bzw. das Briefing des Kunden voll erfassen. Die Situationsanalyse sollte dabei klären, wie das Unternehmen bislang kommuniziert, wie effektiv die Kommunikation bislang war und ob spezifische Probleme aufgetreten sind, die sich durch Kommunikation lösen lassen.

Wettbewerbsanalyse

In der Wettbewerbsanalyse wird herausgearbeitet, welche Stellung das Unternehmen in seinem Markt einnimmt. Dazu gehört es, die kommunikativen Maßnahmen der Wettbewerber zu analysieren. Auch sind hier Methoden wie die Medienanalyse, das Social Media Monitoring, Kundenbefragungen und Expertengespräche sinnvoll.

SWOT-Analyse

Eine Möglichkeit, die Analyseergebnisse zusammengefasst zu veranschaulichen, bietet die SWOT-Analyse. Die Buchstaben S, W, O und T stehen hierbei für: strengths (Stärken), weaknesses (Schwächen), opportunities (Möglichkeiten) und threats (Bedrohungen).

Auf Basis der Analyseergebnisse wird die Strategie aufgebaut. Es empfiehlt sich daher, in dieser Phase besonders gründlich zu sein.

1.2   Ziele und Strategie

Die Strategiephase beginnt mit der Festlegung operationaler Ziele. Operationalisierbar heißt, sie müssen konkret und messbar sein, am besten belegbar durch Kennzahlen.

Kommunikationsziele

Kommunikationsziele beziehen sich auf einen Zustand, der durch Kommunikation erreicht werden soll. Dies kann ein erhöhter Bekanntheitsgrad sein, bei der Zielgruppe aufzubauendes Wissen oder Änderungen von Verhalten und Einstellungen.

Die Professorin und Kommunikationsberaterin Annika Schach schreibt dazu: „Alle Kommunikationsziele stehen in Bezug zur übergreifenden Geschäftsstrategie, müssen aber durch Kommunikation erreichbar sein. Kommunikationsziele beschreiben den SOLL-Zustand, der mittels der Kommunikationsmaßnahmen angestrebt wird. Sie müssen immer im Hinblick auf ihre Quantität, Qualität und den veranschlagten Zeitraum realisierbar, bezugsgruppenrelevant, messbar und zeitlich festgelegt sein" (Schach 2015, S. 130).

Keine kommunikative Maßnahme kommt ohne eine eindeutig definierte Kernaussage aus. Wenn es im Text um ein bestimmtes Produkt geht, findet sich die Kernaussage natürlich häufig in dessen Nutzen, der in klassischer Werbung häufig hervorgehoben wird. Aber: Werbetext und guter Content unterscheiden sich stark. Während die Werbung Produkte kommunikativ überhöht, sollen alle Textformen im Content Marketing einen tatsächlichen Nutzen für die Zielgruppe haben. Platte Marketingphrasen haben hier keinen Platz. Dennoch muss die kommunikative Kernaussage zu Produkt und Marke passen, schließlich soll der Text das Markenversprechen transportieren.

▶   In erster Linie geht es nicht darum, wie man etwas sagt, sondern um die Frage, ob man überhaupt etwas zu sagen hat.

Bevor es an die Gestaltung von Texten geht, ist also unbedingt zu klären, welches Ziel diese erreichen sollen. Fragen Sie sich, was die Texte beim Leser auslösen und zu was sie ihn veranlassen sollen. Ein Text kann noch so gut geschrieben sein – wenn der Autor nichts zu sagen hat, bleibt der Text wirkungslos.

Zielgruppen

Es gibt ein wesentliches Merkmal, das Sie als Texter etwa von einem Schriftsteller unterscheidet: Bei Ihrer Arbeit geht es nicht in erster Linie um Texte mit Ihrem persönlichen Schreibstil, sondern darum, so zu schreiben, dass es für Ihre Zielgruppe interessant ist. Sie schreiben ausschließlich für Ihre Zielgruppe. Dafür müssen Sie diese natürlich so gut wie möglich kennen. Zwar gehört die Erstellung von Zielgruppen-Profilen nicht unbedingt zur Aufgabe eines Texters, die Ergebnisse sind jedoch elementar für seine Arbeit.

In der Online-Kommunikation nennt man solche Zielgruppen-Profile Personas. Bei der Entwicklung einer Persona wird eine Art detaillierter Steckbrief ausgearbeitet. Die Persona erhält ein Gesicht in Form eines Fotos, einen Namen, einen möglichen Beruf, Alter, Hobbys und so weiter. Je präziser, desto besser. Hierzu werden Fakten benötigt – Fakten, die die Marktforschung liefern muss. Der große Vorteil einer solchen Persona ist, dass man als Texter immer einen real wirkenden Menschen vor Augen hat und es einem so leichter fällt, über die richtigen Themen in der richtigen Tonalität zu schreiben.

1.3   Ideenentwicklung

Um mit Texten eine gewünschte Wirkung zu erzielen, bedarf es mehr als einer einfachen Beschreibung von Produkten oder Leistungen. Neben der Botschaft ist die Idee, mit der diese transportiert werden soll, zentral. Jeder, der auf irgendeine Art kreativ arbeitet, kennt jedoch folgendes Problem: Der zündende Einfall will sich einfach nicht einstellen und je mehr man sich auf das Problem konzentriert, desto weiter rückt die Idee in die Ferne. Bei Autoren ist es das berühmte weiße Blatt, das sich nicht füllen will. Hier etwas zu erzwingen, bringt meist wenig. Also lieber erst einmal mit etwas komplett anderem beschäftigen, einen ausgedehnten Spaziergang machen und darauf vertrauen, dass das Gehirn im Hintergrund weiter an der Lösung arbeitet. Nicht umsonst kommen die besten Ideen oftmals in den außergewöhnlichsten Situationen.

Es gibt aber auch eine ganze Reihe Techniken, um aktiv Ideen zu entwickeln – sogenannte Kreativitätstechniken, wie z. B. das Brainstorming, die 6–3–5-Methode, das Mindmapping oder das World Café. Mithilfe solcher Techniken werden alte Denkmuster aufgebrochen und Hilfen für neue Denkweisen gegeben, sodass möglichst viele neue Ideen generiert werden können. Es existieren sowohl Techniken für die Einzel- als auch für die Gruppenanwendung.

Der wohl grundlegendste Aspekt beim Content Marketing ist das richtige Thema. Was aber sind „richtige" Themen? In erster Linie sind das Themen, die für die jeweilige Zielgruppe interessant und Mehrwert bringend und für Leser als auch das Unternehmen bzw. die Marke relevant sind. Um interessante Ideen zu finden, sollten Texter in erster Linie viel lesen. Darüber hinaus kann die folgende Liste weiterhelfen:

- **Unternehmensstorys erzählen:** Welche besonderen Geschichten ranken sich um die Entstehung des Unternehmens, der Marke? Welche Meilensteine sind besonders erwähnenswert?
- **Story rund um das Produkt:** Gibt es eine mit der Entwicklung des Produktes zusammenhängende Geschichte, die zu erzählen lohnt?
- **Branchennews und Trends:** Welche Trends gibt es in Ihrer Branche? Scannen Sie die einschlägigen Fachzeitschriften, Portale, Social-Media-Kanäle etc.
- **Studien:** Wurden in letzter Zeit Studien zu Ihrer Branche oder Ihren Leistungen veröffentlicht?

- **Interviews:** Führen Sie Interviews mit Experten, Produktanwendern, Kunden und Mitarbeitern.
- **Mitarbeiter:** Stellen Sie Mitarbeiter und deren Aufgabenbereiche vor. Erzählen Sie etwas von der Ausbildung in Ihrem Unternehmen.
- **Messen und Veranstaltungen:** Berichten Sie von Messen und Branchenveranstaltungen, auf denen Sie ausstellen oder die Sie besuchen.

1.4 Tonalität

Bevor ein Texter mit dem Schreiben beginnt und Inhalte zu einem Text verarbeitet, muss er sich Gedanken um die Tonalität machen. Die Tonalität ist so gesehen der Klang oder die Atmosphäre eines Textes. Dabei kommt es nicht nur darauf an, die Tonart zu finden, welche die Zielgruppe am besten anspricht, sondern auch in einem Stil zu schreiben, der zum Unternehmen bzw. zur Marke passt.

Hierzu stehen dem Texter zahlreiche Mittel zur Verfügung. Soll der Text etwa Dynamik vermitteln, verwendet man kurze Sätze. Soll eine gewisse Seriosität vermittelt werden, können vermehrt Substantive eingebaut werden. Natürlich wirkt sich auch die Wortwahl auf die Tonalität eines Textes aus. So kann ein Text über ein und denselben Inhalt in sehr konservativer Weise oder etwa in Jugendsprache verfasst werden.

Beispiel Versicherungen

Allianz:

„Jeder von uns kann im Alltag in Konflikte geraten, und Rechtsstreitigkeiten lassen sich nicht immer vermeiden. Die Allianz Rechtsschutzversicherung unterstützt Sie dabei, Ihre rechtlich begründeten Ansprüche durchzusetzen" (Quelle: Allianz, https://www.allianz.de/recht-und-eigentum/rechtsschutzversicherung/, abgerufen am 13.1.2017).

Ergo:

„Gutes Recht kann teuer werden – Ohne die Hilfe eines Anwalts ein Abenteuer mit hohem Risiko. Im Rahmen des D.A.S. Rechtsschutzes der ERGO übernehmen wir für Sie unter anderem gesetzliche Anwalts – und Gerichtskosten. Genießen Sie zusätzliche Vorteile, wie die vom D.A.S. Leistungsservice vermittelten mobilen Anwälte oder eine sofortige anwaltliche Rechtsberatung am Telefon" (Quelle: Ergo, http://www.ergo.de/de/Privatkunden/Recht, abgerufen am 13.1.2017).

In beiden Texten wird beschrieben, dass man als Privatmensch schnell in kostspielige Rechtsstreitigkeiten verwickelt werden kann und dass die jeweilige Versicherung ihre Kunden hier finanziell unterstützt. Allerdings sind die gewählten Worte sehr unterschiedlich. Zur Veranschaulichung sei hier die Wortwahl einmal gegenübergestellt:

Allianz	Ergo
„Rechtsstreitigkeiten"	*„Abenteuer mit hohem Risiko"*
„lassen sich nicht immer vermeiden"	*„Hilfe eines Anwalts" „genießen Sie zusätzliche Vorteile…"*
„rechtlich begründete Ansprüche"	*„Gutes Recht"*

Der Text der Allianz ist formeller und wirkt etwas konservativ, während Ergo hier eine aktivere Sprache wählt. Der Kunde kämpft aktiv um sein Recht, statt in einen Konflikt zu geraten. Eine Rechtsstreitigkeit trifft die Person nicht einfach, sie nimmt ihr Schicksal selbst in die Hand und geht zum Anwalt. Grundsätzlich transportieren beide Texte dieselbe Aussage und doch sind hier ganz unterschiedliche Atmosphären zu spüren.

▶ Um die richtige Tonalität zu treffen, benötigt der Texter umfangreiche Informationen zur Zielgruppe, muss die Markenidentität kennen und braucht ein hohes Maß an Empathie.

Grundsätzliche Textregeln 2

Um gut und verständlich zu schreiben, muss man nicht zwingend Journalismus oder Kreatives Schreiben studiert haben. Einen Tipp, den ich jedem, der Texte erstellen möchte, ans Herz legen möchte, ist zu lesen. Lesen Sie täglich, lesen Sie alles – Romane, Zeitungen, Blogs, die Beschreibung auf der Müslipackung. Je unterschiedlicher die Texte sind, die Sie lesen, desto besser. Lesen Sie aufmerksam, bewusst und kritisch. So erkennen Sie stilistische Feinheiten ebenso wie grobe Fehler und schleifen Ihren eigenen Stil. Darüber hinaus gibt es ein paar Textregeln, die für jegliche Art von Texten gelten.

1. **Vermeiden Sie Schachtelsätze**

   Schachtelsätze haben keinen weiteren Nutzen als den Leser zu verwirren. Das kann man als Schüler in Klausuren machen, um dem Lehrer einen Streich zu spielen. Wenn Sie aber wollen, dass Ihre Texte gelesen und verstanden werden, schreiben Sie kurze, einfache Sätze. Am besten sollte nicht mehr als eine Aussage in einem Text stehen.

   Der ehemalige Leiter der Hamburger Journalistenschule Wolf Schneider nennt lange Sätze Bandwurmsätze, die jedoch harmlos im Vergleich zu Schachtelsätzen sind: „Der Bandwurm mit seiner Erstreckung in der Längsachse ist ein liebes Tier, verglichen mit den Rattenkönigen und Tiefseekraken, mit denen manche Schreiber sich und uns ergötzen: der aus Nebensätzen, Partizipien und Appositionen kunstvoll getürmten, durch ein System von Abhängigkeiten und Unterabhängigkeiten versteiften Schachtel-in-der-Schachtel-Konstruktion" (Schneider 2001, S. 102). Sie merken es selbst, das muss nicht sein.

2. **Schreiben Sie positiv und aktiv**

   Es gibt schon genügend negative Dinge auf der Welt, also schreiben wir doch wenigstens in positiver Form und zeigen nicht ständig nur, was nicht geht.

© Springer Fachmedien Wiesbaden GmbH 2017

S. Abbate, *Text und Konzeption im Content Marketing*, essentials,

DOI 10.1007/978-3-658-17431-6_2

Statt „Die Yoga-Stunde wird heute nicht stattfinden" können Sie schreiben: „Die Yoga-Stunde fällt heute aus." Das ist dynamischer, kraftvoller und sagt es geradeheraus.

3. **Weniger Adjektive**

   Adjektive sind in vielen Fällen unnötig und werden häufig nur eingesetzt, um Sätze wichtiger, gehaltvoller erscheinen zu lassen. Das sind sie aber nicht, sie werden schlichtweg aufgebläht. Im schlimmsten Fall führt die exzessive Verwendung von Adjektiven zu Pleonasmen wie „weißen Schimmeln", „neu renovierten Wohnungen" oder „verwirrenden Unklarheiten".

4. **Verben statt Substantive**

   Allgemein sind Verben dynamischer, schlichter und verständlicher als Substantive. Achten Sie beim Schreiben darauf, ob Sie Substantive verwenden, die man durch Verben ersetzen könnte. So liest sich „auf das Auto verzichten" besser als „beim Auto Verzicht zu leisten". Ebenso wenig muss „Stimmenthaltung geübt werden", wenn man sich einfach „der Stimme enthalten" kann.

5. **Vermeiden Sie Fremdwörter**

   Bei manch einem, der zur Feder greift, führt die Applikation von Fachtermini zu gewissen Affekten, so stellt sich okkasionell gar ein Gefühl der Jovialität ein, was sein Opus, den geschriebenen Text, nicht gerade plausibel macht und, soweit dies intentional und ostentativ geschah, nicht gerade von Bonhomie zeugt. Dieser Satz hat hoffentlich verdeutlicht, warum man Fremdwörter (und Schachtelsätze!) vermeiden sollte. Das gleiche gilt für Anglizismen.

Texten für das Web: Schreiben für User und Suchmaschinen

Wie beim Thema Tonalität erwähnt, ist Text nicht gleich Text. Aber nicht nur die Tonalität macht die besondere Art eines Textes aus. Im Web gibt es eine Reihe von Textgattungen, die sich in Stil, Sprache und Aufbau deutlich unterscheiden. So wird beispielsweise ein Blogtext, der die persönliche Erfahrung mit einem Produkt beschreibt, ganz anders geschrieben sein als etwa ein Fachartikel zum Thema Maschinenbau, der sich an Ingenieure richtet. So bitter es klingen mag, aber Ihre Meinung zählt nicht. Sie schreiben keinen Roman und auch kein Tagebuch, sondern produzieren Content für Ihren Kunden. Deshalb ist es wichtig, beim Texten den Standpunkt Ihrer Zielgruppe einzunehmen und nicht Ihren eigenen.

Als Webtexter reicht es nicht aus, eine „gute Schreibe" zu haben und sich treffend ausdrücken zu können. Das sind Grundvoraussetzungen. Führen Sie sich beim Texten fürs Web immer vor Augen, dass Sie stets für zwei Zielgruppen schreiben – für den Leser und für die Suchmaschinen. Ihr Text muss nicht nur vom User gemocht und verstanden werden, sondern auch von Google und Co. Vorteilhaft ist hier ein möglichst großer Wortschatz, sodass Sie die für Ihren Kunden relevanten Keywords in den Text einbauen und hierzu auch adäquate Synonyme verwenden können.

Noch mehr als in Printmedien bevorzugen Leser im Web kurze und prägnante Sätze und Wörter. Denn: Eine Website ist schneller wieder verlassen als eine Zeitschrift aus der Hand gelegt. Es bleibt dem Webtexter nicht viel Raum und Zeit, den Leser zu fesseln und ihn zum Weiterlesen zu animieren. Generell kann man sagen, dass Sätze möglichst nicht mehr als 15 Wörter enthalten sollten. Längere Sätze sollten Sie daraufhin untersuchen, ob sie mehr als eine Aussage enthalten oder unnötige Füllwörter verwendet wurden. Meist sind zwei kurze Sätze besser als ein langer und doch ist es durchaus erlaubt, vernünftige Satzkonstruktionen mit Haupt- und Nebensatz zu bauen.

Mit Webtexten haben Sie die Möglichkeit, Ihren Leser zu einer Handlung aufzufordern, die er unmittelbar nach dem Lesen ausführen kann. Das kann ein gedruckter Text in der Regel nicht. Sie sollten deshalb die Chance wahrnehmen, den Leser nicht nur für Ihr Thema zu interessieren, sondern mit der Website zu interagieren. Kurz gesagt, bauen Sie einen reizvollen Call-to-action in den Text ein. Führen Sie den Leser auf weitere Seiten, die ihn interessieren könnten, indem Sie interne Links setzen. Nutzen Sie die Neugier und den Entdeckerdrang des Menschen für Ihr Thema. Dazu sollten Sie das Leseverhalten von Internetnutzern kennen.

> **Beobachten Sie sich selbst und stellen Sie sich folgende Fragen**

- Was macht Sie neugierig, wenn Sie im Internet surfen?
- Wie muss eine Headline aufgebaut sein, damit Sie sie anklicken?

Schreiben Sie ohne viele Ausschmückungen, Internetnutzer sind ohnehin schon genug von Anzeigen, Bannern usw. abgelenkt. Schreiben Sie prägnant und konzentrieren sich auf das Wesentliche – das Wichtigste immer zuerst, denn wenn der Leser erst nach der Hauptaussage des Textes suchen muss, ist er schneller wieder weg als Ihnen lieb ist.

Storytelling 3

3.1 Wie funktioniert Storytelling?

Seit Ewigkeiten bedienen wir Menschen uns der Kulturtechnik des Erzählens. Mit dem Erzählen von Geschichten geben wir unser Wissen und unsere Werte weiter. Viele Geschichten halten sich über Jahrhunderte hinweg und werden von Generation zu Generation weitergegeben. Man denke nur an die Märchen, welche die Gebrüder Grimm vor gut 200 Jahren sammelten. Und auch in der Unternehmenspraxis bzw. im Marketing ist das Erzählen von Geschichten ein wirkungsvolles Instrument. Beispielsweise nutzen Unternehmen Geschichten strategisch, um Werte und Unternehmenskultur zu vermitteln und erfahrbar zu machen oder um Ressourcen der Mitarbeiter zu wecken. Im Gegensatz zu abstrakten Informationen sind Geschichten meist verständlicher, bleiben stärker im Gedächtnis haften und haben das Potenzial, Sinn und Identität zu stiften. Darüber habe ich bereits in meinem Buch „Marken als Sinnstifter" geschrieben: „Die Wirkungskraft der Geschichten lässt sich auch auf Unternehmen übertragen. Denn jeder Mensch hört gerne Geschichten und wird aufmerksam, um deren Einzelheiten aufnehmen zu können. In Geschichten wurden schon so manche Mythen über die Gründungszeit von Unternehmen geschaffen. Herausragendes Beispiel ist hier etwa Apple, das angeblich von Steve Jobs und seinem Partner in der Garage von Jobs Eltern gegründet wurde" (Abbate 2014, S. 87).

Storytelling ist auch deshalb so wirkungsvoll, weil Geschichten gerne weitergegeben werden, wie auch Content-Marketing-Expertin Miriam Löffler in ihrem Buch schreibt: „Gute Storys verbessern aber nicht nur den Bekanntheitsgrad Ihres Unternehmens, sie werden vor allem auch gerne weitererzählt. Im Social-Media-Zeitalter sollten Sie schon allein deshalb einen stärkeren Fokus auf das Storytelling legen, damit Sie die viralen Effekte der sozialen Kanäle optimal für Ihr Business nutzen können" (Löffler 2014, S. 319).

© Springer Fachmedien Wiesbaden GmbH 2017   11
S. Abbate, *Text und Konzeption im Content Marketing*, essentials,
DOI 10.1007/978-3-658-17431-6_3

Storytelling ist im Marketing übrigens nicht nur auf das Content-Marketing beschränkt. Auch in der Werbung wissen manche Marken die Kraft der Geschichten sehr erfolgreich einzusetzen. Eine dieser Marken ist der Baumarktbetreiber Hornbach. In einem Werbeclip des Unternehmens wird ein Teenager-Mädchen gezeigt, das sich der Gothic-Subkultur zugehörig fühlt und dementsprechend schwarz kleidet und schminkt. Von Gleichaltrigen wie auch Erwachsenen wird es abgelehnt oder zumindest misstrauisch beäugt. Der einzige, der das Mädchen zu verstehen scheint, ist ihr Vater, der ihr zuliebe gerade dabei ist, die komplette Hausfassade in tiefem Schwarz zu streichen, als sie von der Schule heimkommt. Ein weiterer Clip erzählt die Geschichte des Hornbach-Hammers im Stil einer Dokumentation. Hier wird der fiktive Weg des Stahls für den Hammer gezeigt, der angeblich von einem demontierten und eingeschmolzenen Panzer stammt und an verschiedenen Orten weiterverarbeitet wurde. Im Gegensatz zu anderen Unternehmen der Baumarktbranche stellt Hornbach in seiner Werbung nicht das austauschbare Produktprogramm oder den Preis in den Vordergrund, wie es etwa der ehemalige Wettbewerber Praktiker tat. Stattdessen erzählt Hornbach Geschichten. Geschichten, die auf irgendeine Art berühren, die ungewöhnlich und zum Teil skurril sind und genau deshalb zum Nachdenken, Schmunzeln und Weitererzählen anregen – und die im Gedächtnis bleiben.

Ob Maschinenbauer, Möbelhersteller, Telekommunikationsdienstleister oder Heizungsbauer – jede Marke und jedes Unternehmen hat eine Geschichte und steckt voller Geschichten. Nur werden sie oftmals nicht erkannt und dementsprechend nicht genutzt. Eine Aufgabe des Content Managers ist es also, solche Storys aufzuspüren und sie erzählbar zu machen. Natürlich eignet sich nicht jede Geschichte oder Anekdote, die in einem Unternehmen kursiert, für das Storytelling. Stets sollte danach gefragt werden, was der eigentlich Kern oder die Pointe der Geschichte ist. Eben dieser Kern muss zu den Interessen und Bedürfnissen der potenziellen Leser, also der Zielgruppe, passen. Das wiederum setzt voraus, dass man seine Zielgruppe gut kennt und weiß, welchen Lifestyle sie pflegt, wo ihre Interessen liegen und so weiter. Darauf aufbauend sollte die Relevanz der Geschichte geprüft werden sowie ihr emotionales Potenzial und selbstverständlich die Ziele, die mit dem Erzählen der Geschichte erreicht werden sollen. Erst wenn dies alles geklärt ist, kann gutes Storytelling betrieben werden.

Am besten ist es, wenn im Storytelling Geschichten nicht für sich alleine stehen, sondern einzelne Bausteine einer großen übergeordneten Unternehmensgeschichte oder Markenstory darstellen. So werden Handlung und Personen der Story den Usern immer vertrauter, was gleichzeitig die Marke stärkt.

Eine packende Story benötigt ein Gesicht, mit dem sich die Zielgruppe identifizieren kann und das ihr im Gedächtnis bleibt. Das können sowohl erfundene

Charaktere sein, wie etwa in der Hornbach-Werbung, aber auch Mitarbeiter. In jedem Fall braucht Ihre Story einen Helden, denn keine Geschichte kommt ohne ihn aus. Das war schon bei Odysseus so und ist auch heute noch bei beispielsweise Spiderman der Fall. In der Regel sollte der Plot einer Story in etwa so aussehen: Ihr Held steht vor einem Problem, begibt sich auf die Suche nach einer Lösung, wird mit weiteren Schwierigkeiten konfrontiert, die sein Unternehmen fast aussichtslos erscheinen lassen und findet unerwarteterweise doch noch einen Weg zum Happy End. Auf diesem Weg kann er natürlich Mitstreitern begegnen, die ihn unterstützen.

Aber Ihre Geschichte kann noch so schön und spannend sein – es darf nicht vergessen werden, zu welchem Ziel sie führen und für wen sie geschrieben werden soll. Verzichten Sie unbedingt auf werbliche Elemente innerhalb der Geschichte. Sonst würden Sie kostbares Glaubwürdigkeitspotenzial verspielen. Außerdem muss Ihre Story einen tatsächlichen Nutzen bieten – über den Unterhaltungswert hinaus. Beziehen Sie die Bedürfnisse Ihrer Zielgruppe in die Geschichte mit ein.

Storytelling ist ein wirksames Instrument in der Unternehmenskommunikation. Der pakistanische Schriftsteller Mohsin Hamid geht in einem Interview mit der amerikanischen Zeitschrift FastCompany sogar so weit, dass er sagt, Unternehmen sollten Schriftsteller einstellen: „The storytelling impulse is something that exists in many of us, most of us, maybe all of us. But in some, it exists very, very strongly; so strongly they choose to go into professions like being a novelist, being a storyteller" (Grothaus 2015).

Ihnen steht eine Vielzahl von Möglichkeiten, Ihre Geschichte zu erzählen, zur Verfügung. Miriam Löffler etwa nennt fünf Typen von Geschichten für das Storytelling (Löffler 2014, S. 321 ff.):

1. Unternehmensgeschichten
2. Produktgeschichten
3. B2B-Storytelling
4. Personality Storys
5. Educational Storys

3.2 Experteninterview mit Klaus Eck

Klaus Eck ist eine Institution in Sachen Content-Marketing. Er ist seit Jahren Herausgeber des PR-Bloggers und Autor mehrerer Fachbücher zu den Themen Onlinekommunikation und Content Management. Seit über 12 Jahren berät er als

Geschäftsführer der Eck Consulting Group Unternehmen zu Themen wie Social-Media-Strategie, Onlinekommunikation und Online Reputation Management. Er hat mir freundlicherweise ein paar Fragen zum Content Marketing und Storytelling beantwortet.

Content Marketing ist in aller Munde. Was unterscheidet Content Marketing von herkömmlichen Marketingmaßnahmen?

Klaus Eck

Im Sinne einer klaren Definition ist es hilfreich, sich von anderen Begrifflichkeiten wie Corporate Publishing, Content-Vermarktung und Crossmedia-Publishing abzuheben. Content Marketing ist ein aufeinander abgestimmtes Zusammenspiel aus all diesen Elementen – ob Paid, Owned, Earned oder Social Media, alle tragen ihren Teil zum Content Marketing bei. Im Schwerpunkt basieren diese Marketingmaßnahmen auf Content, um das Interesse der Stakeholder an verschiedenen Touchpoints und in den unterschiedlichen Kaufphasen zu gewinnen und die Kommunikation mit ihnen geschickt anzuregen und fortzuführen. Es geht um den optimalen Einsatz der unterschiedlichen Kanäle, um Personalisierung der Inhalte, um Markenbotschaften, das gekonnte Nutzen von Social Media, um Storytelling und natürlich auch um jede Menge Kreativität.

Was ist der größte Fehler, den Unternehmen beim Content Marketing begehen können?

Klaus Eck

Eine Content-Strategie ist eine wichtige Basis jedes Content Marketings. Sie bestimmt unter anderem Budgets und persönliche Ressourcen. Ohne strategische Vorgaben kann Content Marketing nur bedingt ziel- und zielgruppengerichtet eingesetzt werden und endet häufig im Chaos. Auch alle, die sich eine einfache Content-Marketing-Vertriebslösung gewünscht haben, muss ich warnen: Es gibt keine direktvertrieblichen Inhalte im Content Marketing, die uns anziehen.

Was zeichnet gutes Storytelling aus? Wie findet man relevante und für den Leser mehrwertbringende Geschichten?

Klaus Eck

Gutes Content Marketing dient der Information oder direkten Unterhaltung der Stakeholder. Dafür müssen Geschichten, die Sie mit Ihren Inhalten erzählen, genau auf Mensch und Marke zugeschnitten sein. Über emotionalen Content erreichen Sie Ihre Stakeholder und ziehen sie mit Ihrer Persönlichkeit zusätzlich in Ihre Markenwelt hinein. Um geeigneten Content zu finden, ist im ersten Schritt eine Analyse der bestehenden Unternehmensinhalte empfehlenswert. Sinnvoll ist es auch, hin und wieder die Unternehmensbrille ab- und die Position der Kunden einzunehmen, um die Inhalte auf die Nutzer abzustimmen.

Worauf sollten Autoren achten, die Content für Unternehmen erstellen? Wie sehen gute Texte aus?

Klaus Eck

Gute Inhalte entstehen nicht von selbst. Auf Automatisierung in der Content Creation sollten Sie daher eher verzichten, denn das zahlt sich in der Regel nicht aus, sondern wirkt negativ auf Ihre Reputation. Wenn Sie das Vertrauen der smarten Kunden gewinnen wollen, sollten Sie auf Individualität setzen und Ihren Content sehr sorgfältig auswählen.

Wie sehen Sie die Zukunft des Content Marketings? Ein vorübergehender Trend oder Zukunft des Marketings?

Klaus Eck

Content Marketing könnte die digitale und analoge Welt revolutionieren, weil wir überall mehr hochwertige Inhalte sehen werden. Kunden werden nicht mehr von der Unterbrecherwerbung gestört, sondern erhalten relevante Informationen, die sie gerne rezipieren, weil ihnen dadurch geholfen wird.

Interviews im Content Marketing 4

Neben Fachartikeln, Rezensionen oder Reportagen sind Interviews eine beliebte journalistische Darstellungsform. Der Journalist und Herausgeber der Lehrbuchreihe „Journalistische Praxis" Walther von La Roche (von La Roche 2013, S. 167 ff.) hat drei Formen des Interviews unterschieden:

- Interview zur Person
- Interview zur Sache
- Interview zur Meinung

Im Gegensatz zur Umfrage, bei der dieselbe Frage vielen unterschiedlichen Personen gestellt wird, werden beim Interview verschiedene Fragen an ein und dieselbe Person gerichtet. Natürlich ist es auch möglich, mehrere Personen gleichzeitig zu interviewen. Zu der Frage, wie ein gutes Interview vorbereitet, geführt und nachbereitet wird, habe ich mit Lutz Zimmermann, Geschäftsführer des Kölner Unternehmens Zimmermann Editorial gesprochen.

Herr Zimmermann, Ihr Unternehmen bietet die Konzeption und Umsetzung von Kundenmedien an. Wo liegt der Vorteil von Corporate Media bzw. von Content-Marketing-Formaten wie Onlinemagazinen im Vergleich zu herkömmlichen Marketingmaßnahmen wie klassische Werbung?

Lutz Zimmermann
Unternehmensmedien sind Instrumente der Unternehmenskommunikation, nicht der Werbung. Sie dienen – zum Beispiel in der Internen Kommunikation – der Vermittlung von strategischen Inhalten oder dem Erklären von unternehmerischer Veränderung. Im Dialog mit NGOs oder der Öffentlichkeit dienen Unternehmensmedien

© Springer Fachmedien Wiesbaden GmbH 2017
S. Abbate, *Text und Konzeption im Content Marketing,* essentials,
DOI 10.1007/978-3-658-17431-6_4

der Profilierung und Positionsbestimmung zu Themen, die für das Unternehmen wie für die Gesellschaft relevant sind. In der Finanzkommunikation oder der politischen Kommunikation der Unternehmen haben sie wieder andere Aufgaben, die mit einem Instrument der Werbung schwerlich zu bewältigen sind.

Zum Thema Interviews im Content Marketing: Sind Interviews für Unternehmensmagazine relevant? Wo liegt hier der Mehrwert gegenüber Expertenartikeln oder Reportagen?

Lutz Zimmermann

Wenn ein Unternehmen z. B. in einer Krise steckt und in diesem Zeitraum ein Unternehmensmagazin veröffentlicht, dann wird jeder Stakeholder erwarten, dass dort die Unternehmensführung Stellung nimmt. Ein Interview mit z. B. dem Geschäftsführer sagt „Ich stelle mich und übernehme Verantwortung", es zeugt von Transparenz und es gibt dem Unternehmen ein Profil, indem es die Unternehmensführung profiliert. In Unternehmensmedien gehört es deshalb zum Formatmix wie in jedem anderen Medium auch.

Wie bereitet man sich optimal auf ein Interview vor?

Lutz Zimmermann

Erstens sollte man die Fakten kennen, Namen, Zahlen, Daten. Zweitens sollte man zum jeweiligen Thema die unterschiedlichen Positionen kennen, um das Gesagte einordnen und gegebenenfalls nachhaken zu können. Drittens sollte man sich auf den Interviewten vorbereiten, frühere Interviews mit ihm lesen, seine Geschichte kennen. Noch besser ist, wenn man im Netz Videos mit ihm findet, um seine Persönlichkeit zu studieren. Wie reagiert er im Gespräch, wie auf kritische Fragen, hat er Humor, geht er auf Fragen überhaupt ein?

Worauf sollte man bei der Interviewführung besonders achten?

Lutz Zimmermann

Zunächst mal sollte man eine Idee vom Gesprächsverlauf haben. Wenn man Zeit hat, sollte man die ersten fünf Minuten nutzen, um mit dem Gesprächspartner warm zu werden. Je wohler er sich fühlt, desto gesprächiger wird er sein. Zeigen Sie, dass Sie sich für Ihn interessieren, schauen Sie ihn an statt auf Ihre Notizen, fragen Sie nach. Und achten Sie auf die Zeit. Wenn das Interview beendet ist und Ihre wichtigste Frage ist nicht gestellt, dann war es kein gutes Interview.

Oft wirken Interviews wie ein abgearbeiteter Fragenkatalog. Wie bekommt man es hin, ein Interview lebendig und spannend zu gestalten?

Lutz Zimmermann

Indem man ein Gespräch führt statt eines Interviews. Schreiben Sie sich keine Fragen auf, sondern Themenkomplexe, die Sie besprechen möchten. Und dann hören Sie zu, haken Sie nach, fragen Sie nach Beispielen und konfrontieren Sie Ihr Gegenüber mit konträren Ansichten bzw. mit Aussagen Anderer, die gegenteiliger Ansicht sind. Achten Sie darauf, ob sich im Verlauf des Gesprächs ein Themenkomplex eröffnet, der für Sie neu, aber interessant ist. Man muss Interviews auch die Chance geben, dass sie sich in eine andere als die geplante Richtung entwickeln. Dazu muss man aber wirklich aufmerksam zuhören. Deshalb: nicht mitschreiben sondern mitschneiden.

Zum guten Schluss: Wenn das Interview nun geführt worden ist, inwiefern darf man daran noch etwas verändern? Ist es ok, nachträglich an Formulierungen zu feilen und etwas umzustellen?

Lutz Zimmermann

Ich habe noch nie ein Interview so aufgeschrieben wie ich es geführt habe. Wer seine Leser packen will, der muss das gleich mit der ersten Frage tun. Im Gespräch ist die erste Frage aber belanglos, weil sie dort der Atmosphäre dient. Das aufgeschriebene Interview lebt von der Zuspitzung und einer manchmal eben konstruierten Dramaturgie, die sich so im Gespräch gar nicht gezeigt hat. Das ist aber durchaus auch im Interesse des Gesprächspartners, der dann ja deutlich pointierter, eventuell espritreicher rüberkommt als in ellenlangen Ausführungen.

Wie sollte die ideale Headline für ein Interview aussehen?

Lutz Zimmermann

Über ein Interview gehört ein Zitat, kurz und prägnant sollte es sein, im besten Fall überraschend. „Wir wollen profitabel wachsen" über dem Interview mit dem CEO zum Beispiel ist gähnend langweilig, weil erwartbar und tausendmal gelesen. Findet sich kein starkes, headlinetaugliches Zitat, dann tut es auch mal eine provokante Frage: „Wo soll das enden, Herr Müller?"

SEO für Online-Texter 5

Sie können die interessantesten, sprachlich kunstvollsten und inhaltlich gehaltvollsten Texte schreiben – wenn diese nicht gefunden werden, bringt Ihnen der beste Schreibstil nichts. Ihre Texte und auch die Botschaften, die Sie übermitteln möchten, gehen unter in den Weiten des Internets. Deshalb ist es für jeden Online-Texter unverzichtbar, ein gewisses Grundwissen in Sachen Search Engine Optimization (SEO) zu haben. Zu diesem Thema wurden in den letzten Jahren sehr viele Agenturen gegründet. Diese hatten Logarithmen der Suchmaschinen studiert und wussten, wie ein Text aussehen muss, damit er bei Google und Co. auch gefunden wird. Diesen Agenturen mangelte es jedoch oft an guten Textern. Und so entstanden mitunter miserable und kaum lesbare Texte – die vor allem auf dem Anspruch basierten, möglichst viele Keywords im Text unterzubringen und zu wiederholen. Man spricht hierbei von Keywordstuffing – also dem Vollstopfen eines Textes mit Suchbegriffen. Abgesehen von der Qualität der Texte schien diese Lösung eine Zeit lang zu funktionieren und konnte Websites durchaus im Google-Ranking nach oben bringen. Aber nachdem Google seine Algorithmen immer wieder anpasst haben schlechte Texte aktuell kaum mehr eine Chance. In Sachen SEO muss man sich heute mehr einfallen lassen als Keywordstuffing.

Was aber ist SEO eigentlich?
SEO ist die Abkürzung für Search Engine Optimization, also Suchmaschinen-Optimierung. Unter SEO fallen alle Maßnahmen zur Erhöhung der Sichtbarkeit von Webseiten in den Suchmaschinen. Dabei wird zwischen On-Page- und Off-Page-Optimization unterschieden. Die Off-Page-Optimization umfasst Maßnahmen, die nicht unmittelbar mit der Gestaltung der eigenen Website (inklusive der Texte) zusammenhängen. Dazu zählt man zum Beispiel das Linkbuilding, bei dem die eigene Website auf anderen Seiten verlinkt wird, um so den eigenen Traffic zu erhöhen.

© Springer Fachmedien Wiesbaden GmbH 2017   21
S. Abbate, *Text und Konzeption im Content Marketing,* essentials,
DOI 10.1007/978-3-658-17431-6_5

Die wichtigsten Punkte bei der On-Page-Optimization:

Grundsätzlich ist die Länge der URL kein Faktor, der das Ranking bei Suchmaschinen beeinflusst. Trotzdem lohnt es sich, darauf zu achten, die URL für eine Seite oder einen Beitrag kurz zu halten, da kürzere URLs in der Regel eher angeklickt werden als lange, da sie auf einen Blick erfasst werden können. Auch hat sich gezeigt, dass es sinnvoll ist, das Haupt-Keyword so nah wie möglich am Domain-Namen zu platzieren. Um Keywords zu trennen, verwendet man am besten einfache Bindestriche. Eines der wichtigsten Elemente ist der Meta Title, da Google ihn fast immer als Überschrift der Suchergebnisse verwendet. Hier sollten die relevanten Suchbegriffe möglichst am Anfang auftauchen. Für Suchmaschinen eher unwichtig ist der sogenannte Meta Description Tag. Dennoch sollte man ihn nicht vernachlässigen, da er als Snippet in der Ergebnisliste auftaucht und den User zum Weiterlesen animieren sollte. Sorgen Sie also auch hier dafür, dass möglichst die relevanten Keywords auftauchen.

Beim Text selbst sollten Sie nicht immer wieder dieselben Formulierungen verwenden, nur weil diese Ihre Keywords enthalten. Finden Sie Synonyme der Keywords und bauen Sie diese in den Text ein. Wichtige Keywords sollten möglichst am Anfang des Textes in den ersten 50 bis 100 Worten auftauchen. Die Priorität sollte immer darauf liegen, einen natürlich wirkenden und lesbaren Text zu schreiben. Verwenden Sie darüber hinaus Überschriften und Zwischenüberschriften, die sie als Heading Tag formatieren (in HTML h1 bis h6). Es ist naheliegend, dass Google und andere Suchmaschinen Heading Tags analysieren, um Keywords zu identifizieren, die den Fließtext betreffen. Somit gilt auch hier: Keywords einbauen. Auch sollten Sie wichtige Stellen im Text fett und/oder kursiv markieren. Das kann sich sowohl auf das Ranking auswirken, als auch den Lesern ermöglichen, schneller einen Überblick über das Text-Thema zu bekommen.

Themen, die gefunden werden sollen, sollten nicht auf der Website versteckt sein. Je tiefer ein User durch das Menü klicken muss, desto schlechter ist der Inhalt auffindbar. Und auch für Suchmaschinen macht eine geringe Klicktiefe Ihre Website verständlicher. Führen Sie den Nutzer durch den Inhalt, indem Sie zum Beispiel weiterführende, interne Links in Ihren Texten anbieten.

Neben solchen technischen Möglichkeiten der SEO gilt es immer zu überprüfen, ob der Text verständlich, in guter Sprache und überzeugend geschrieben ist. Schlechte und fehlerhafte Texte sind auch für Google ein Ausschlusskriterium. Darüber hinaus sollte der Inhalt einzigartig sein („Unique Content") und nicht irgendwo anders in doppelter Form vorliegen.

Mittlerweile gibt es eine Vielzahl an Unternehmen, die das Content Marketing für sich nutzen, um höhere Reichweiten zu erzielen, Reputation aufzubauen und Kunden zu binden. Besonders attraktiv sind Onlinemagazine, die mehr und mehr Corporate Blogs ablösen und nicht mehr nur Unternehmensneuigkeiten präsentieren, sondern mit hochwertigen journalistischen Inhalten punkten. Wichtig hierbei sind Inhalte, die aktuell, von allgemeinem Interesse, aber für Marke und Zielgruppe relevant sind. Das heißt, die Inhalte müssen hierbei sowohl auf den Markenkern des Unternehmens als auch auf die Bedürfnisse der Zielgruppe abgestimmt sein. Mehrwertbringender Content steigert dann nicht nur Reichweiten, sondern fördert auch die Glaubwürdigkeit eines Unternehmens und stärkt die Kundenbindung.

Wie wichtig Onlinemagazine und Blogs im Content Marketing sind, zeigt eine Studie von Demand Gen Report aus dem Jahre 2014. Demnach sind Blog-Artikel die Art von Content, die am meisten von Usern geteilt wird, gefolgt von Infografiken, Videos und Whitepapers (s. Abb. 6.1).

6.1 Coca-Cola: Journey

Das Onlinemagazin von Coca-Cola gehört wahrscheinlich zu den meistgenannten Beispielen für gutes Content Marketing. Journey ersetzte bereits 2013 komplett die Unternehmenswebsite des Getränkeherstellers (Abb. 6.2). In einem Interview sagte Patrick Kammerer, Director Public Affairs and Communications bei Coca-Cola Deutschland der Marketing-Fachzeitung Horizont (Müller 2015): „Mit der alten Corporate Website haben wir wie von einer Bühne heruntergepredigt. Das war nicht mehr zeitgemäß. Stattdessen fanden wir es wichtig, auf Augenhöhe und im Dialog zu kommunizieren. Dank unseres Social-Media-Monitorings wussten

© Springer Fachmedien Wiesbaden GmbH 2017   23
S. Abbate, *Text und Konzeption im Content Marketing*, essentials,
DOI 10.1007/978-3-658-17431-6_6

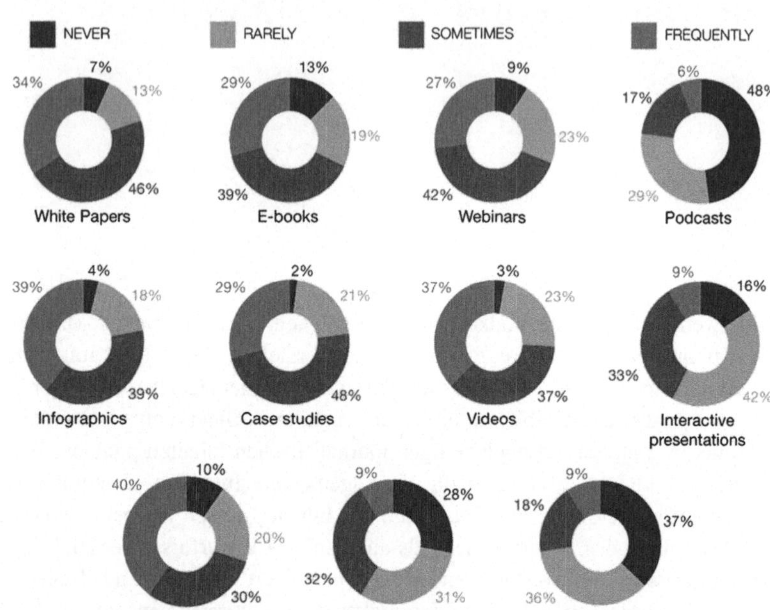

Abb. 6.1 Demand Gen Report (2014). (Quelle: http://www.demandgenreport.com/industry-resources/research/2766-demand-gen-reports-2014-content-preferences-survey.html, letzter Zugriff: 18.01.2017)

wir ja, dass die Leute Lust hatten, sich mit unseren Inhalten zu beschäftigen." Die Artikel auf Journey sind selten länger als 500 Wörter, der Themenmix ist recht vielfältig. Dabei haben die Inhalte nicht immer einen direkten Bezug zu Coca-Cola, sondern kommen auch aus Bereichen wie Reisen, Musik, Film oder Kochen. Darüber hinaus wirken aktuelle Themen von der Fußball-WM bis hin zu Musik-Events verstärkend auf das Interesse der Leser. In seinem Willkommensartikel auf Journey schrieb Kammerer: „Auf Journey bieten wir Ihnen Aktuelles aus der Welt von Coca-Cola, Geschichten über unsere Marken und Hintergrund zum Mythos, der sie umgibt. Wir widmen uns dem Thema Lebensfreude und berichten über unser Engagement für Gesellschaft und Umwelt. Regelmäßig laden wir Experten aus unterschiedlichen Lebensbereichen ein, ihre Ansichten auf Journey

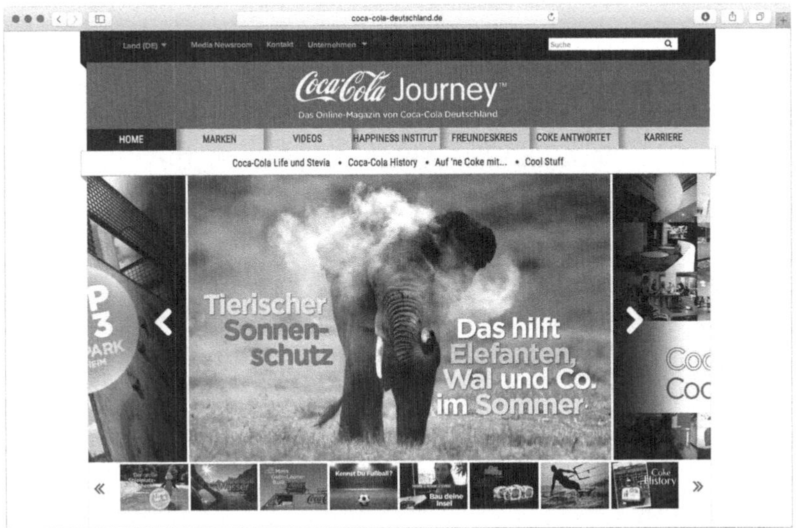

Abb. 6.2 Screenshot Coca-Cola Journey. (Quelle: Coca-Cola (2016) http://www.coca-cola-deutschland.de/stories/herzlich-willkommen, letzter Zugriff: 16.01.2017)

mit Ihnen zu teilen. Außerdem fragen wir unterschiedlichste Zeitgenossen nach ihrer persönlichen Vorstellung vom Glück" (http://www.coca-cola-deutschland.de/stories/herzlich-willkommen).

6.2   Vodafone: Featured – Magazin für digitale Kultur

Bis 2014 unterhielt das Telekommunikationsunternehmen Vodafone in Deutschland einen Unternehmensblog. Daraus wurde das Onlinemagazin Featured (Abb. 6.3). Ebenso wie bei Coca-Cola werden hier nicht nur Inhalte, die unmittelbar die Marke Vodafone betreffen, angeboten. Vielmehr geht es um das Meta-Thema „Digitale Kultur". Vodafone Deutschlands Brand Director Gregor Gründgens beschrieb den Themen-Mix in seinem Vorstellungsbeitrag folgendermaßen: „Egal ob Handytest oder Bericht einer vernetzten Weltreise, vom Messe-Livestream zur Interview-Serie über Startups: Wir haben viele Themen, über die wir Dich auf Featured auf dem Laufenden halten. Neben unseren internen Autoren verfassen Experten, freie Journalisten und Partner-Redaktionen Inhalte. Dabei gilt immer: Wir veröffentlichen nur das, was die Experten so auch auf ihren

Abb. 6.3 Vodafone-Onlinemagazin „Featured". (Quelle: Vodafone (2016) http://featured. de, abgerufen am 18.01.2017)

eigenen Kanälen veröffentlichen würden" (Vodafone 2016). Das heißt, auf Featured werden den Lesern unabhängige journalistische Inhalte geboten.

6.3   Gira: G-Pulse

Ein weiteres Beispiel für gut gemachtes Content Marketing ist das Onlinemagazin G-Pulse (Abb. 6.4) des Radevormwalder Gebäudetechnik-Herstellers Gira (Gira 2016). Mit intelligenten und benutzerfreundlichen Produkten möchte das Unternehmen das Wohnen komfortabler, sicherer und energieeffizienter machen. Das Angebot reicht von der Steuerung von Beleuchtung, Heizung und Jalousien bis hin zu Türkommunikations-, Multimedia- und Sicherheitssystemen. In dem 2016 gestarteten Onlinemagazin, das als Online-Dialogplattform und Quelle für Interior Design und Lifestyle-Inspiration verstanden wird, dreht sich dementsprechend alles um Themen wie Smart Home, Interior Design, Digital Lifestyle, Trends & Architektur.

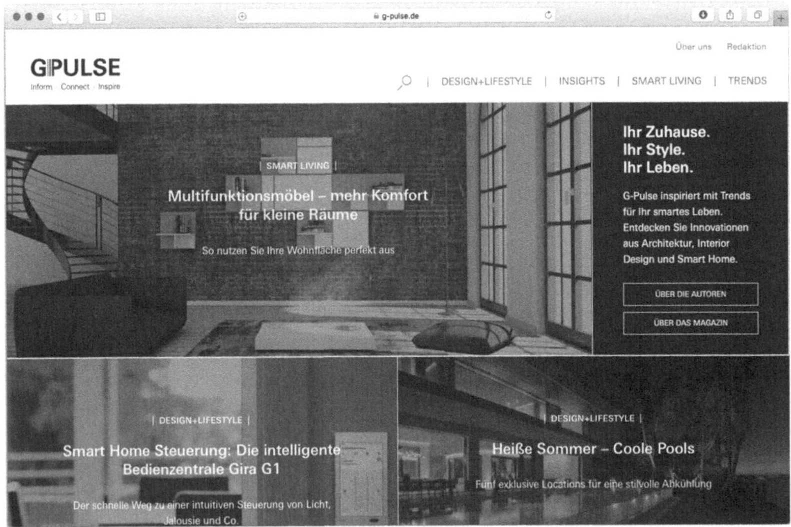

Abb. 6.4 GIRA-Onlinemagazin „G-Pulse". (Quelle: Gira (2016) http://g-pulse.de, abgerufen am 30.08.2016)

Was Sie aus diesem *essential* mitnehmen können

- Ein Gefühl dafür, was einen guten Text ausmacht
- Ideen für Ihre Content-Marketing-Strategie
- Anregungen, um Zielgruppen besser zu erreichen

© Springer Fachmedien Wiesbaden GmbH 2017

S. Abbate, *Text und Konzeption im Content Marketing,* essentials,

DOI 10.1007/978-3-658-17431-6

Literatur

Abbate, S (2014) Marken als Sinnstifter – Identitätsbasierte Markenführung als Antwort auf den Wandel. Springer Gabler, Wiesbaden

Allianz https://www.allianz.de/recht-und-eigentum/rechtsschutzversicherung/, abgerufen am 13.1.2017

Coca-Cola (2016) http://www.coca-cola-deutschland.de/stories/herzlich-willkommen, abgerufen am 16.01.2017

Demand Gen Report (2014) http://www.demandgenreport.com/industry-resources/research/2766-demand-gen-reports-2014-content-preferences-survey.html, abgerufen am 18.01.2017

Ergo http://www.ergo.de/de/Privatkunden/Recht, abgerufen am 4. April 2016

Gira (2016) http://g-pulse.de, abgerufen am 30.08.2016

Grothaus, Michael (2015) Why Companies Need Novelists. https://www.fastcompany.com/3045216/why-companies-need-novelists

Löffler, M (2014) Think Content! Content-Strategie, Content-Marketing, Texten fürs Web. Galileo Computing, Bonn

Müller, F (2015) Online-Magazin "Journey" feiert Zweijähriges / Kommunikationschef im Interview, Horizont online. http://www.horizont.net/marketing/nachrichten/Coca-Cola-Online-Magazin-Journey-feiert-Zweijaehriges--Kommunikationchef-im-Interview-134285, 11. Mai 2015, abgerufen am 16.1.2017

Schach, A (2015) Advertorial, Blogbeitrag, Content-Strategie & Co. Neue Texte der Unternehmenskommunikation. Springer, Heidelberg

Schneider, W (2001) Deutsch für Profis. Wege zu gutem Stil. Wilhelm Goldmann Verlag, München, S. 102

Vodafone (2016) http://featured.de, abgerufen am 18.01.2017

Walther von La Roche: Einführung in den praktischen Journalismus, 19. Auflage Springer Gabler, Wiesbaden 2013

Weiterführende Literatur

Eck, K, Eichmeier, D (2014) Die Content-Revolution im Unternehmen: Neue Perspektiven durch Content-Marketing und -Strategie. Haufe-Lexware, Freiburg

© Springer Fachmedien Wiesbaden GmbH 2017
S. Abbate, *Text und Konzeption im Content Marketing,* essentials,
DOI 10.1007/978-3-658-17431-6

Fedtke, S (Hrsg.) (2001) Erfolgsfaktor Content Management. Vom Web Content bis zum Knowledge Management. Springer, Heidelberg

Klein, Eduard (2015) Storytelling im Content Marketing. http://www.content-marketing.com/mit-storytelling-markenidentitaet-schaffen-sieben-archetypen-fuer-erfolgreiches-content-marketing/. Zugegriffen: 1. April 2016

Smart Insights (2015) The State of Content Marketing 2015. http://www.smartinsights.com/content-management/content-marketing-planning/the-state-of-content-marketing-2015-infographic/. Zugegriffen: 4. April 2015

Steinbach, J, Krisch, M, Harguth, H (2015) Helpvertising. Content-Marketing für Praktiker. Springer, Heidelberg